M000047727

Forever Grateful To You:

____

____

____

Made in the USA
Monee, IL
22 September 2022

14360925R00066